Début d'une série de documents
en couleur

LES

FABRIQUES DE TAPISSERIES

DE NANCY

PAR M. EUGÈNE MÜNTZ

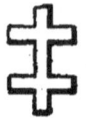

NANCY

TYPOGRAPHIE DE G. CRÉPIN-LEBLOND

Passage du Casino.

—

1883

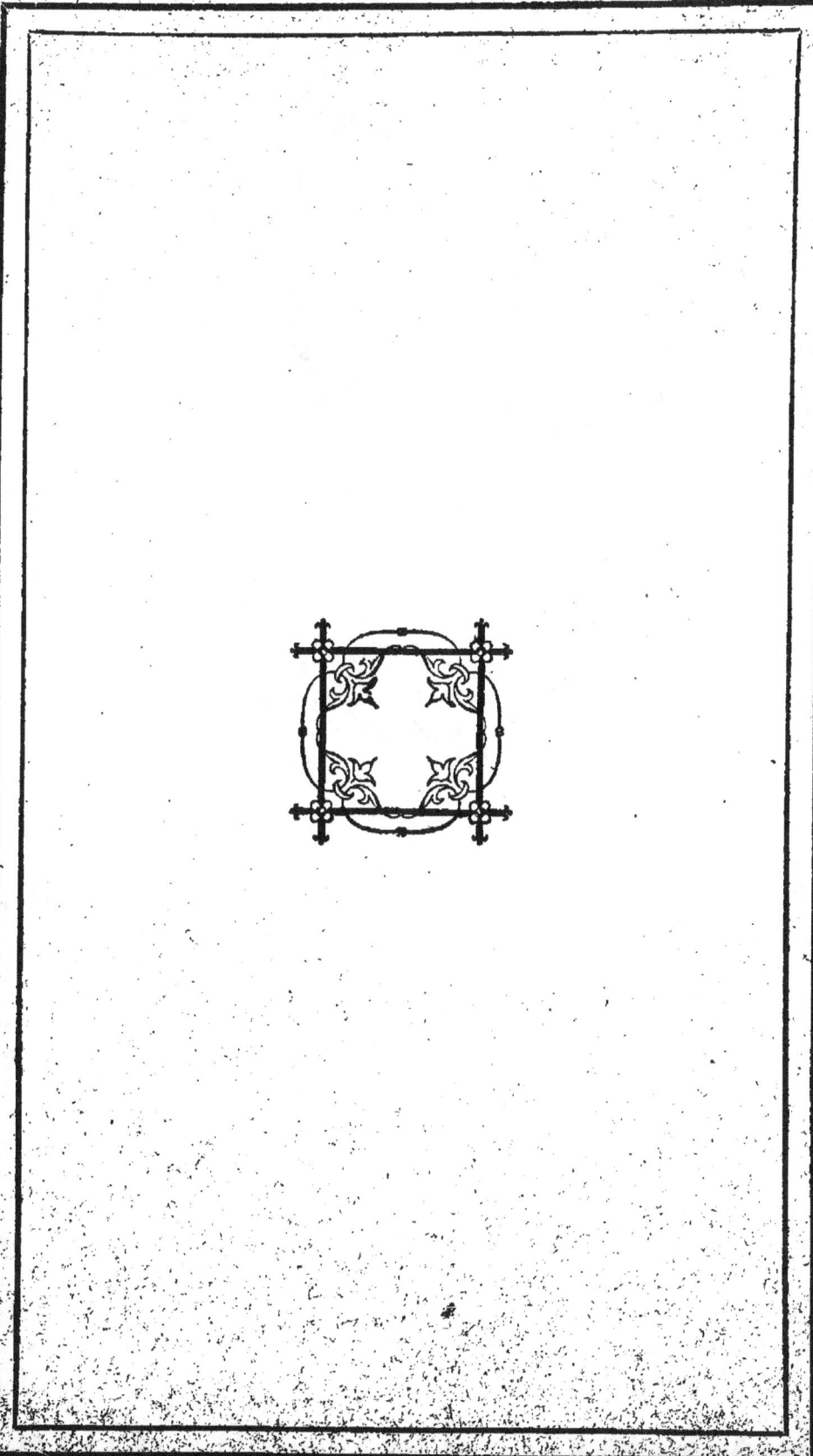

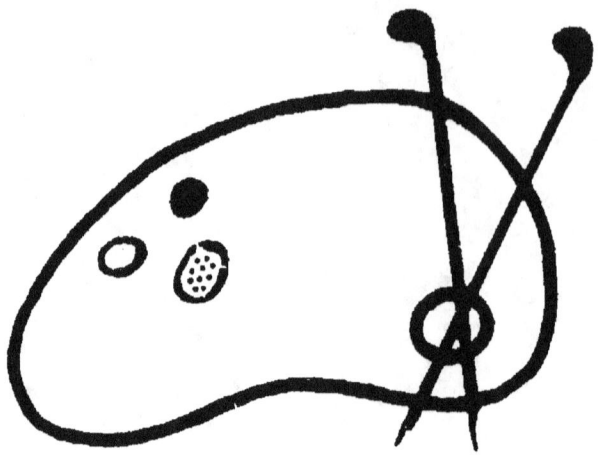

**Fin d'une série de documents
en couleur**

LES

FABRIQUES DE TAPISSERIES

DE NANCY

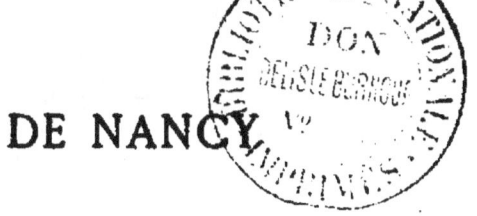

PAR M. EUGÈNE MÜNTZ

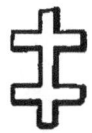

NANCY

TYPOGRAPHIE DE G. CRÉPIN-LEBLOND

Grande-Rue (Ville-Vieille), 14.

—

1883

Extrait des Mémoires de la Société d'Archéologie
lorraine pour 1883.

LES

FABRIQUES DE TAPISSERIES

DE NANCY

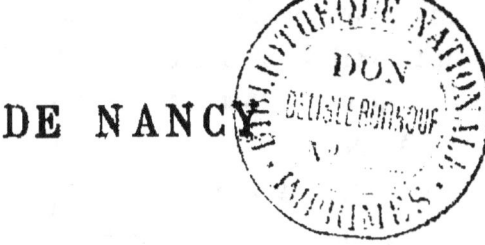

———◦——

L'exposition de tapisseries récemment ouverte à
Vienne, et dont M. Alfred Darcel a signalé les richesses
au public français (1), a appelé l'attention sur un centre
de fabrication à peu près inconnu jusqu'ici, et qui se
trouve subitement en possession des titres les plus con-
sidérables. Je veux parler de la manufacture, ou plutôt
des manufactures de haute et de basse lisse établies à
Nancy aux xviᵉ et xviiiᵉ siècles.

Pour retracer les annales de la fabrication nancéienne,
il n'est pas nécessaire de chercher au loin, ni même, à
la rigueur, de s'attaquer à des documents inédits. Les
témoignages qui permettent de suivre pas à pas les

(1) *Chronique des Arts* du 3 février 1883.

progrès de l'art de la tapisserie dans la capitale de la
Lorraine sont imprimés tout au long ; il ne s'agit que
d'ouvrir des volumes qui se trouvent dans les principales
bibliothèques de Paris et de la province. Le premier,
mon savant collaborateur M. Pinchart a eu l'idée de con-
sulter ces ouvrages, qui, ai-je besoin de l'ajouter, ont
pour auteur M. Lepage, l'éminent archiviste de Meurthe-
et-Moselle, à qui l'histoire des arts dans son pays natal
doit tant de précieuses contributions. Depuis la publica-
tion du travail de M. Pinchart (1), M. Lepage a mis au
jour de nouveaux documents ; enfin, il a bien voulu, en
réponse à une lettre que je lui ai adressée, joindre à
des notices bibliographiques fort précieuses, un certain
nombre d'informations inédites. C'est en complétant les
renseignements que je dois à son obligeance, au moyen
des descriptions contenues dans le somptueux *Annuaire*
publié il y a peu de semaines par les musées impériaux
d'Autriche, ainsi qu'au moyen de documents de prove-
nance italienne, que j'essayerai de montrer quel rôle
important Nancy a joué dans l'histoire de la peinture en
matières textiles.

(1) *Bulletin des commissions royales d'art et d'archéologie*, 1868, t. VII, p. 204 et suiv.

I

Dès le milieu du xvi⁰ siècle, nous trouvons un tapissier attaché au service de la cour de Lorraine. Dans un compte du Trésorier général de 1565-1566, on lit : « Payé vingt cinq frans à Frantz, tapissier de Son Altesse, pour reste de la fourniture qu'il a faicte en la tapisserie de l'*Histoire de Moyse* (1). »

Cette *Histoire de Moïse* reparaît dans la *Pompe funèbre du duc Charles III*, où l'on voit la salle d'honneur tendue de tapisseries, dont l'une représente Moïse sauvé des eaux (2). Il est également fait mention, à l'occasion de ces cérémonies funèbres, d'une très riche tenture de tapisseries rehaussées d'or, d'argent et de soye, et représentant l'*Histoire de Saint Paul*.

A Vienne, toute une série de tapisseries monumentales rend témoignage du luxe déployé à cette époque par la cour de Lorraine. Nous remarquons, entre autres, l'*Histoire de Moïse*, dont il vient d'être question, en neuf pièces, avec les armoiries du duc François (1544-1545) et de sa femme Christine de Danemark († 1590), ainsi qu'avec celles du duc Charles III (1545-1608) et de sa femme Claude de France († 1575). Puis vient l'*Histoire de Saint Paul*, en quatre pièces.

(1) Lepage, *le Palais ducal de Nancy*. Nancy, 1852, p. 66.

(2) *Ibid*. p. 65 66.

Une *Histoire d'Abraham*, en dix pièces, portant la marque de Bruxelles, est revêtue des armoiries de Charles de Lorraine-Vaudémont († 1587) (1).

Peut-être l'*Histoire de Romulus et de Rémus*, en huit pièces, datant également du xvi⁰ siècle, et les *Douze mois* (même époque ; fabrication de Bruxelles) (2) entrés dans le garde-meuble de la maison d'Autriche avec la succession de l'ancien duc François de Lorraine († le 18 août 1765), l'époux de Marie Thérèse, faisaient-ils également partie, dès l'époque de la Renaissance, des trésors réunis à Nancy.

Rappelons aussi l'*Histoire du roi Clovis* donnée à la cathédrale de Reims en 1573 par le cardinal de Lorraine (3).

A la fin du xvi⁰ siècle, en 1597, René Foucot, tapissier, natif de Paris, se fit recevoir bourgeois de Nancy (4).

En 1600-1601, M. de Lenoncourt, bailli de Saint-Mihiel, reçut une certaine somme en payement de 3,835 fr. dépensés pour seize pièces de tapisseries de haute lisse, façon de Bruxelles, prises de lui pour l'ameublement de l'hôtel (Palais ducal de Nancy).

---

(1) *Jahrbuch der Kunsthistorischen Sammlungen des allerhöchsten Kaiserhauses;* Vienne, 1883, p. 215 et suiv., *et Katalog von niederlandischen Tapeten und Gobelins im Besitz des A. H. Kaiserhauses, ausgestellt im Künstlerhause;* Vienne, 1882, nᵒˢ 7, 9, 10, 11, 16, 17, 21.

(2) *Jahrbuch*, p. 221, 225.

(3) Loriquet, *les Tapisseries de Notre-Dame de Reims.* Reims, 1876, p. XV, XVI.

(4) Lepage, *les Archives de Nancy*, t. II, p. 176

II.

Le début du xvıı⁰ siècle est marqué par des tentatives plus importantes. En 1604 (1), Harmant l'Abbé, tapissier, demeurant à Bruxelles, reçoit 54 fr. pour la dépense qu'il a faite venant et retournant de Nancy à Bruxelles, « estant venu audit Nancy pour traicter à monstrer l'art de tapissier, suyvant l'ouverture qui luy en auroit esté faicte par Mme la duchesse de Brundsvich, à la prière et charge qu'elle en avoit de S. A. » (2).

Nul doute que cet artiste ne soit identique à Germain l'Abbé, de Bruxelles, qui, après avoir, de 1607 à 1609, travaillé à Munich, dans la manufacture ducale, retourna dans sa ville natale, d'où, dans une lettre du 31 janvier 1610, que j'ai reproduite d'après l'original conservé aux archives de Munich, il signala à son ancien patron, le duc Maximilien, l'ignorance des tapissiers employés par lui et les défauts de la fabrication (3). Ce qui achève

(1) Et non en 1612, comme le rapporte M. Pinchart, p. 204, et après lui M. Wauters, dans ses *Tapisseries bruxelloises*, p. 196, et M. de Boyer de Sainte-Suzanne, dans ses *Tapisseries françaises*, p. 286.

(2) Lepage, *les Communes de la Meurthe*, t. II, p. 163, et *Inventaire sommaire*, série B, n° 1281.

(3) Voy. *l'Art.* du 4 juin et du 16 juillet 1882, et l'*Histoire générale de la Tapisserie*, que j'ai publiée chez MM. Dalloz, en collaboration avec MM. Guiffrey et Pinchart : *Tapisseries allemandes, anglaises, danoises, espagnoles, russes, etc.* ; p. 12-14.

de prouver l'identité de l'artiste occupé à Nancy et de l'artiste occupé à Munich, c'est que, dans la lettre ci-dessus visée Germain l'Abbé invoque le souvenir de cette même duchesse de Brunswich, dont il est fait mention dans le document de 1604.

Un plan de Nancy en 1611 porte cette mention : « Outre les arts spécifiez en ceste table, il y a aussi en ladite ville des architectes, tailleurs de diamantz, rubiz et pierreries, peintres, sculpteurs, statuaires, brodeurs et tapissiers de haulte lice fort expertz, qui ouvrent et besongnent en leurs maisons et logiz » (1).

En 1613, le duc Henri « faict traicter, convenir et accorder avec Isaac de Hamela et Melchior van der Hagen, maîtres tapissiers, cy devant demeurant à Bruxelles, pour les faire venir avec six bons maîtres ouvriers tapissiers et leurs familles s'abituer et demeu-rer à Nancy pour y travailler de leurs artz, et leur donne... pendant les six premières années qu'ils y demeureront, la quantité de cent resaux de blé froment, pour chacune d'icelles, pour leur donner tant plus moyen de résider audit Nancy » (2).

Cette fois, le duc s'opiniâtra, et son essai produisit des résultats sérieux, nous le savons par le traité con-clu, en 1616, avec Bernard van der Hameiden, tapissier des Flandres, pour introduire en Lorraine la manufac-ture de tapisseries et y faire venir et entretenir des maîtres et ouvriers pour ce faire ; par les payements

(1) Lepage, *les Archives de Nancy*, t. I, p. 192.

(2) Lepage, *les Communes de la Meurthe*, t. II, p. 164, et *Inventaire sommaire des Archives départementales*, série B., Nancy, 1878, n° 1346.

faits, en 1617, à Bernard van der Hagen (aurions-nous affaire à un seul et même artiste ?) pour une tenture représentant l'*Histoire d'Holopherne*; en 1618, à Bernard van der Hameiden, pour prix d'une tenture de huit pièces de tapisseries; en 1620, au même, pour huit pièces représentant l'*Histoire de Saint Paul* et des *Bergers*; puis, par une rente en blé assignée à Catherine Suart, femme du même Bernard, qualifié de tapissier du duc (1621); enfin, par une fourniture de bois « délivrée à Van der Hameiden, tapissier en l'hôtel du duc Charles (Charles IV), pour lui donner moyen de fournir à la grande quantité de couleurs qu'il convenoit d'employer à la perfection et manufacture des tapisseries qu'il faisoit faire ».

L'exemple de Henri IV, l'ardent protecteur des arts décoratifs, avait évidemment stimulé le zèle de ses voisins, tant de ce côté-ci du Rhin que de l'autre. Comme dans les ordonnances de notre grand roi, ces tentatives eurent pour corollaire la défense d'introduire en Lorraine des tapisseries flamandes (registre de 1616 à 1626).

L'Hôtel-de-ville, telle était la résidence assignée par le souverain de la Lorraine à ces auxiliaires recrutés, comme d'ailleurs partout à cette époque, dans le foyer par excellence de la tapisserie, les Flandres. M. Lepage a relevé, à ce sujet, les deux documents suivants : « 1616 : ouvrages faits à l'Hôtel de ville de la ville Neuve pour la commodité des tapissiers de Son Altesse que l'on prétendait y loger; — 1624-1625: recettes de deniers provenant du louage du quartier où souloient estre logés les tapissiers de Son Altesse à l'Hôtel de ville. »

Nous franchissons un demi-siècle avant d'entendre de nouveau parler de tapisseries nancéiennes. Le 2 janvier 1674, enfin, nous voyons Jean Glo, tapissier, solliciter et obtenir la permission de travailler à Nancy, « en tapisserie de feuillage, aux offres qu'il a faits de faire meilleur marché de 6 gros par aune au moins que Jean François, aussi tapissier en cette ville ». Singulière manière, on l'avouera, d'encourager les arts décoratifs, que d'accorder une prime au bon marché !

Vers la même époque, Louis XIV fait don au nouveau duc de Lorraine, qui vient de lui prêter hommage, d'une tenture de l'*Histoire d'Alexandre*, valant 25,000 écus (1). Cette suite est sans doute identique à celle que l'on conserve de nos jours au Garde-Mᵉ uble de Vienne (2).

Citons encore une *Histoire de Scipion*, en cinq pièces, exécutée à Bruxelles au xviiᵉ siècle pour la cour de Lorraine, et également conservée à Vienne (3).

(1) *Mémoires* de Saint-Simon.

(2) *Jahrbuch, loc. cit.* — Une des onze pièces porte l'inscription : *Factum Viennæ Austriacæ vᵒ 1748*, qui se réfère sans doute à une restauration (p. 219).

(3) *Jahrbuch,* p. 227.

III

Les guerres qui signalèrent la fin du siècle n'étaient point faites pour favoriser le développement d'un art pacifique entre tous. Aussi n'est-ce qu'après le rétablissement du duc Léopold, après la paix de Ryswick (1697), que la tapisserie put reprendre son essor. Le 4 août 1698, un décret daté de Lunéville, nomme Charles Mitté « tapissier de l'hôtel » (1) ; puis vient, en 1701-1702, la promulgation d'un privilège pour l'établissement d'une manufacture de tapisseries à Nancy.

En même temps, les frères Nicolas et Pierre Durand obtinrent du duc, par lettres-patentes du 10 mai 1699, enterinées en la Chambre des Comptes le 5 octobre 1703, les greniers situés au-dessus de la Boucherie, pour y établir une manufacture de tapisseries de laine et de fil et autres, avec exemption et franchise.

Charles Mitté, qui n'était guère connu jusqu'ici que pour avoir « dégraissé, remis en couleur et raccommodé une tenture de tapisserie de sept pièces de Flandre, conservée en la chambre du Conseil de ville », joua un rôle prépondérant dans la direction de la nouvelle manufacture. En 1710, on le voit livrer trois tapisseries de haute lisse, représentant le *Siège de Bude*,

(1) *Inventaire sommaire*, B. 189, n° 188.

les *Conquêtes de Chârles V* et les *Douze mois de l'année* ; en même temps, il prend à cens un terrain « pour
y planter de la gaude et autres herbes pour faire des
couleurs à teindre les laines et soies qu'il convient
d'employer aux tapisseries » ; en 1711, il reçoit un
à-compte sur le prix des tentures des *Victoires de
Charles V sur les Turcs*. A ce document succède
l'« état de la livraison de toute l'histoire en tapisserie
de Charles V, duc de Lorraine, et de trois pièces res-
tant des dix-huit qui composent ladite histoire, faites
par Charles Mitté, sur les tableaux de Martin et de
Guyon ».

J'ai mentionné, dans mon petit volume de la *Tapisserie*, édité par M. Quantin, les *Batailles du duc
Charles V*, d'après les cartons de Charles Herbel
(† 1703) et les *Douze Mois*, comme ayant été exécutés
dans la manufacture de Nancy (1). Aujourd'hui, nous
savons que ces deux suites intéressantes sont l'œuvre
de ce Charles Mitté, dans lequel on n'avait vu jusqu'ici
qu'un obscur ouvrier. J'ai, en outre, le plaisir d'an-
noncer à mes lecteurs que la série entière des *Batailles
du duc Charles V* existe encore ; elle se trouve à Vienne,
où elle est arrivée, en compagnie de la presque totalité
des tapisseries de la cour de Lorraine, par le mariage
du duc François III avec l'impératrice Marie-Thérèse
(1736). L'annuaire publié par les musées impériaux de
la maison d'Autriche nous apprend que l'une des pièces

---

(1) Voy. sur Herbel les *Recherches sur la vie et les ouvrages de quelques peintres provinciaux de l'ancienne
France*, par M. le marquis de Chennevières, t. II, p. 337,
338.

porte la marque C. M. E. (Charles Mitté), une croix
lorraine, et la date : NANCI, 1705 : il ajoute que la
tenture (comprenant 24 pièces) a été exécutée à la Malgrange, près de Nancy. M. Darcel, de son côté, a lu
sur une autre pièce de la même suite, la *Délivrance
de Vienne :* FAIT A MALGRANGE EN 1724.

Les peintres Martin et Guyon, dont on vient de lire
les noms, ont copié en grand, pour servir de cartons aux
tapissiers, les tableaux peints par Herbel. Ils ont été
assistés dans cette tâche par les peintres du Rup et
Jacquard (1).

L'Annuaire viennois nous fait connaître, en outre,
treize portières ornées des armoiries du duc Léopold et
de la duchesse Elisabeth-Charlotte d'Orléans (la fille de
la princesse Palatine et la sœur du Régent). Ces
pièces, dont l'une est signée F. J (osse). BACOR ET S.
M., proviennent, d'après lui, soit de la Malgrange, soit
de Lunéville, où elles ont pris naissance en 1719.

Ici encore le témoignage des archives et de leur
savant explorateur, M. Lepage, complète les informations fournies par les monuments eux-mêmes. Nous y
voyons qu'en 1717, Bacor, tapissier de haute lisse,
exécuta deux portraits du duc Léopold. Quant aux
initiales S. M., elles désignent certainement Sigisbert
Mangin ou Mengin, entrepreneur des tapisseries de
S. A. R., fils du sieur Nicolas Mangin, bourgeois de
Nancy, qui se maria le 20 août 1720, et qui, en 1722, prit

(1) Lepage, *Le Palais ducal de Nancy,* Nancy, 1852,
p. 123, et *Bulletins de la Société d'Archéologie lorraine,*
t. IV (1853), p. 77.

à cens « un terrain à gauche du chemin de Nancy à Bon-Secours, pour y construire une manufacture de tapisseries en basse lisse ».

L'établissement de la maîtrise, le 15 juin 1717 (avec saint François d'Assise pour patron) achève de prouver quel développement la tapisserie avait pris à ce moment à Nancy (1).

(1) Lepage, *les Archives de Nancy*, t. IV, p. 183.

IV

A côté des tapissiers spécialement attachés au service de la cour, il faut citer les entrepreneurs particuliers. J'ai mentionné plus haut l'entreprise des frères Nicolas et Pierre Durand (1699-1703). Par arrêt du Conseil, en date du 20 janvier 1715, ces artistes obtinrent une prorogation de vingt ans, mais sans privilège exclusif. Par d'autres patentes du 7 décembre 1725, ils furent confirmés dans la jouissance des bâtiments tout le temps qu'ils travailleraient à ladite manufacture. Le duc François III, enfin, confirma leurs privilèges, aux mêmes conditions, par deux arrêts en date des 19 mars 1731 et 20 septembre 1736 (1).

Nous reviendrons tout à l'heure sur cet établissement important ; il nous suffira d'ajouter ici qu'en 1732, Nicolas Durand fit aux autorités une fourniture de tapisseries provenant de sa fabrique.

La fin de la dynastie de Lorraine est marquée par un redoublement d'activité.

En 1726, Germain, tapissier, reçoit le prix du raccommodage de quatre pièces de tapisseries de l'*Histoire de saint Paul* (2).

(1) Lepage, *Inventaire sommaire*, série B.

(2) *Ibid.*

En 1728, Poix, père et fils, et Lecoq, tapissiers, figurent dans les registres pour avoir raccommodé des pièces de tapisseries représentant *Achille et Romulus*(1).

Entre 1730 et 1733, les Jésuites de Nancy achètent 103 aunes de tapisseries fabriquées dans la ville.

Le 2 juillet 1734, des lettres patentes autorisent Jean Bellat, marchand tapissier d'Aubusson, à établir à Nancy une manufacture de tapisseries de haute et basse lisse, et lui accordent gratuitement « trente arbres chênes dans les bois de la gruerie de Nancy, pour la construction des métiers qui lui sont nécessaires » (2).

Quelques années auparavant, le garde-meuble de la maison de Lorraine s'était enrichi d'une suite précieuse de *Représentations mythologiques*, en huit pièces, d'après Coypel, données, le 4 février 1730, par Louis XV au duc François III. Cette suite, comme tant d'autres, se trouve aujourd'hui à Vienne (3).

Si la prise de possession par le duc François III de son nouveau duché, la Toscane (1737), porta un coup fatal à l'antique manufacture de tapisseries de Florence, créée près de deux siècles auparavant par les Médicis, en revanche, la renonciation de ce prince à ses Etats héréditaires semble n'avoir que développé son attachement pour ses anciens sujets. On en jugera par le trait suivant : une des premières mesures de François III fut de fermer, l'année même de son avènement, la manufacture médicéenne ; on pouvait croire l'art de la tapis-

---

(1) *Ibid.*

(2) Lepage, *les Communes de la Meurthe*, t. II, p. 205.

(3) *Jahrbuch*, p 219, 220.

serie à jamais banni de Florence, lorsque, vers 1740, le
même prince fit reprendre les travaux sous la direction
du peintre Lorenzo Corsini : seulement, cette fois, des
tapissiers lorrains avaient remplacé, sur presque toute
la ligne, les tapissiers italiens. On remarque, parmi les
productions de la nouvelle manufacture, une portière
représentant *Vulcain et deux Cyclopes* (pièce de la
suite des *Quatre éléments*), d'après un carton com-
mandé en 1734 au peintre Bonechi.

En 1742, les métiers de haute lisse établis à Poggio
Imperiale, près de Florence, sont tous entre les mains
de Lorrains. Ce sont des Lorrains également, Roch
le jeune et Charles Depoix, qui s'occupent, au Palais
Vieux, des travaux de rentraiture. Deux Lorrains enfin,
Alexandre Germain (probablement le même que l'artiste mentionné ci-dessus sous la date de 1726) et
Joseph Vauthier, président à ces différentes entre-
prises avec le titre de chefs du Garde-Meuble (1).

(1) Voir, sur la manufacture de tapisseries de Florence, mes
Tapisseries italiennes, dans l'*Histoire générale de la tapisserie*, p. 76.
Je suis heureux, de pouvoir placer sous les yeux de mes
lecteurs le texte, encore inédit, des renseignements qu'a
bien voulu me fournir, au sujet des tentatives de François III,
M. le chevalier Soldi, archiviste de la maison du Roi, à
Florence: « Dal governo di Francesco Stefano di Lorena
furono circa il 1740 fatti venire a Firenze diversi arazzieri e
diversi restauratori di arazzi Lorenesi ; mentre i primi eb-
bero officina nella suburbana Villa di Poggio Imperiale, per
tenerli separati dagli arazzieri fiorentini, che l'avevano in
città presso la Piazza san Marco, gli altri, cioe i restauratori,
lavoravano in Palazzo Vecchio. In oltre, codesti arazzieri e
restauratori di arazzi Lorenesi erano pagati a lavoro, rice-
vevano il lavoro stesso e lo rimettevano ad Alessandro Ger-

François III , d'ailleurs , paraît avoir eu en vue l'achèvement de quelques suites, antérieurement commencées, plutôt qu'une reprise sérieuse des travaux; en 1744, les ateliers furent de nouveau fermés, et personne depuis n'a songé à les rouvrir.

main, Lorenese egli pure, e capo della guardaroba di Lorena in Firenze ; e dipingeva i cartoni per l'Arazzeria (probabilmente dei Lorenesi) un Girolamo Costner. »

« Rapporto agli arazzieri ed ai restauratori o rimendatori di arazzi Lorenesi, che lavoravano per la Guardaroba di Corte ai tempo del granduca Francesco, posso aggiungerle : 1º che Girolamo Costner dipingeva i cartoni esclusivamente per detti Lorenesi, mentre per gli arazzieri fiorentini prestava opera per ordinario il pittore Lorenzo Corsini. 2º Che Alessandro Germain, quantunque capo della Guardaroba Lorenese dipendeva anch'egli, come dipendeva l'arazzeria, da un Giuseppe Vauthier, pure Lorenese, e capo della Guardaroba generale. 3º Che gl'arazzieri fiorentini lavoravano in basso liccio ed i Lorenesi in alto liccio. 4º Che tra i restauratori di arazzi Lorenesi dal 1739 al 1741 mi appariscono Roch le jeune e Charles Depoix. »

V.

Mais revenons à Nancy, où, dans l'intervalle, Stanislas Leszczinski (1737-1766) a pris possession du trône.

La manufacture des Durand est toujours en pleine activité. Pierre étant mort, François, fils de Nicolas, lui succède. Nicolas meurt à son tour en 1755, à l'âge de 91 ans. Son acte de décès nous apprend qu'il était natif de Nancy, paroisse de Saint-Sébastien (1). A côté de François Durand, nous trouvons son gendre et associé, Sigisbert Mathieu.

En 1766, les chefs de la manufacture, inquiétés par les teinturiers, qui avaient obtenu, en 1762, des privilèges spéciaux, réussirent à faire confirmer les arrêts antérieurs, « pour par eux jouir des privilèges, franchises, exceptions et immunités attachés à ladite manufacture de tapisseries, tours de lit et bergames de laine, tant et si longuement qu'ils la feront travailler par eux-mêmes, avec permission de teindre les laines et fils qu'ils emploieront dans leur manufacture (2) ».

Charles Léopold Andreu de Bilistein, dans l'*Essai sur le duché de Lorraine et de Bar*, publié à Amsterdam en 1782, caractérise comme suit les productions de l'éta-

---

(1) Lepage, *les Archives de Nancy*, t. III, p. 335.

(2) Lepage, *les Communes de la Meurthe*, t. II, p. 197.

blissement fondé par les Durand : « Nancy a une manufacture privilégiée de tapisseries de laines du pays. Elles ne manquent ni de goût ni d'agrément ; elles sont de grande durée et d'un prix modique. Nos pères les estimaient beaucoup, s'en étant contentés pendant longtemps. J'ignore s'il y en a jamais eu d'exportation ; mais je suis étonné qu'on en voye si peu dans la province, où il n'en manque pas de plusieurs sortes, comme bergames, points de Hongrie, verdures, hautes et basses lices de France, de Beauvais et de Bruxelles et enfin des Gobelins. Il est à souhaiter que le goût se porte davantage sur cette manufacture, que l'aisance, généralement répandue, en rende la consommation plus considérable. Les entrepreneurs deviendroient en état d'améliorer les fonds et les desseins : le débit les indemniseroit largement des nouveaux fraix, sans augmenter le prix des ventes. Au lieu d'un emplacement, il en faudroit deux à trois, où, au lieu de 80 à 100 ouvriers, le nombre monteroit de 200 à 300. Nous ne manquons pas de consommateurs, mais leur idée les porte à des choses étrangères, dont la supériorité consiste souvent dans le prix. Je voudrois qu'on se fît un devoir patriotique de meubler ses appartements de tapisseries nationales, dont on donnât soi-même les desseins et les goûts, ses armoiries, sa généalogie si l'on veut, pourvu qu'on en use. C'est un grand moyen pour les perfectionner et en espérer l'exportation. »

Les tapisseries de laine et fil, sorties de la manufacture des Durand, furent presque les seules employées pour la décoration des appartements, et même par les seigneurs dans leurs hôtels et leurs châteaux, jusque vers le milieu du siècle ; à ce moment, les tentures de

Flandre et d'Aubusson prévalurent dans la décoration des appartements des personnes riches, tandis que celles de Nancy furent réservées à la bourgeoisie, qui n'en possédait pas auparavant (1).

Aussi Durival fut-il forcé de constater, dans son ouvrage publié en 1779, que la manufacture nancéienne avait beaucoup perdu de son activité.

A la même époque, en 1779-1780, nous voyons encore confirmer l'« acensement du bâtiment situé au-dessus des grandes Boucheries de la ville neuve de Nancy, servant à la manufacture de tapisseries » (2) ; puis on perd de vue cet établissement, qui, certainement, ne survécut pas aux orages de la Révolution.

L'état des arts, métiers et professions et indication du nombre des personnes qui les exerçaient en l'an IX n'indique plus, pour le département de la Meurthe, que treize maîtres tapissiers et deux compagnons, et encore faut-il comprendre, dans ce nombre, des artisans qui n'avaient rien de commun avec les basse ou haute lissiers (3).

Que reste-t-il, aujourd'hui, de la production si considérable des ateliers nancéiens ? A ma connaissance,

(1) Lionnois, *Histoire des villes vieille et neuve de Nancy, depuis leur fondation jusqu'en 1788*, t. III, Nancy, 1811, p. 28, emprunté presque textuellement à Durival : *Description de la Lorraine et du Barrois*, t. II, Nancy, 1779, p. 30.

(2) Lepage, *Inventaire sommaire*, série B.

(3) *Statistique générale de la France. Mémoire statistique du département de la Meurthe*, par Marquis. An XIII. Tapissiers de haute et basse lisse, à l'aiguille, rentrayeurs, meublans, de peau, de lisières.

en dehors des suites conservées à Vienne, on serait
embarrassé de citer une seule pièce se rattachant,
d'une manière certaine, à la capitale de la Lorraine.
M. Auguin, qui décrit plusieurs tapisseries exposées à
Nancy, en 1875, n'en mentionne aucune qui soit
de fabrication indigène (1). Puisse le problème, tel
qu'il se pose aujourd'hui, solliciter l'attention des éru-
dits lorrains et provoquer des recherches nouvelles
auxquelles je serai le premier à applaudir (2).

(1) *1875. Exposition de Nancy. Impressions et souvenirs*,
p. 96.

Un membre distingué de la Société lorraine d'Archéologie, M. Morey, a vu, il y a quelques années, dans la
maison n° 10 de la rue des Quatre-Eglises, à Nancy, une
salle entièrement tendue de tapisseries assez grossières,
ornées de sujets de *bergerittes*, comme, à l'origine, en re-
présentaient les papiers de tenture, et qui provenaient, dit-
on, de la manufacture de cette ville. On doit, suivant
M. Morey, attribuer la même origine aux tapisseries dési-
gnées sous le nom de *verdures*, très communes en Lorraine,
ainsi qu'à celles, à fleurs variées et même à sujets, telles que
les fables de La Fontaine, qui recouvrent de vieux fauteuils.

(2) La première esquisse de ce travail a paru dans la
Chronique des Arts. Nous la réimprimons aujourd'hui avec
de nombreuses additions.

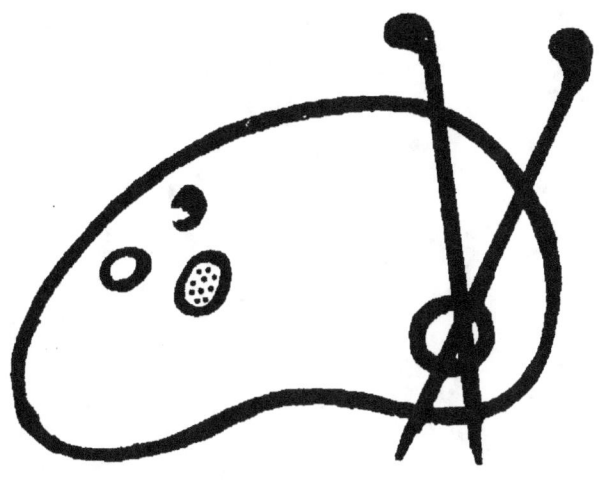

Original en couleur

NF Z 43-120-8